Cómo se construye un

auto

Sam Aloian
Traducido por Alberto Jiménez

Gareth Stevens
PUBLISHING

Please visit our website, www.garethstevens.com. For a free color catalog of all our high-quality books, call toll free 1-800-542-2595 or fax 1-877-542-2596.

Cataloging-in-Publication Data

Aloian, Sam, author.
 Cómo se construye un auto / Sam Aloian, translated by Alberto Jiménez.
     pages cm. — (El mundo y la ingeniería)
 Includes index.
 ISBN 978-1-4824-4370-7 (pbk.)
 ISBN 978-1-4824-4313-4 (6 pack)
 ISBN 978-1-4824-4368-4 (library binding)
 1. Automobiles—Design and construction—Juvenile literature. I. Title.
 TL240.A434 2016
 629.2'3—dc23

First Edition

Published in 2016 by
Gareth Stevens Publishing
111 East 14th Street, Suite 349
New York, NY 10003

Copyright © 2016 Gareth Stevens Publishing

Designer: Samantha DeMartin
Editor: Ryan Nagelhout
Spanish Translation: Alberto Jiménez

Photo credits: Cover, p. 1 Adrey Yurlov/Shutterstock.com; caption box stoonn/Shutterstock.com; background Jason Winter/Shutterstock.com; p. 5 Yarygin/Shutterstock.com; p. 7 (main) Omikron/Science Source/Getty Images; p. 7 (inset) Nataliya Hora/Shutterstock.com; p. 9 sorapol/Shutterstock.com; p. 11 safakcakir/Shutterstock.com; p. 13 Andrei Kholmov/Shutterstock.com; p. 15 Monty Rakusen/Cultura/Getty Images; p. 17 Bloomberg/Bloomberg/Getty Images; p. 19 Franz Marc Frei/LOOK-foto/LOOK/Getty Images; p. 20 (bottle) Dan Kosmayer/Shutterstock.com; p. 20 (skewers) NRT/Shutterstock.com; p. 20 (tape) Sean MacD/Shutterstock.com.

Printed in the United States of America

CPSIA compliance information: Batch #CS16GS: For further information contact Gareth Stevens, New York, New York at 1-800-542-2595.

Contenido

Las palabras del glosario se muestran en **negrita** la primera vez que aparecen en el texto.

Encontrar el camino

Los autos, los camiones y las camionetas son diferentes tipos de **vehículos de motor**. Los utilizamos para ir de un sitio a otro; hacen más fáciles los viajes de millones de personas. Pero ¿de qué están hechos los autos? Y ¿de dónde vienen?

Los autos son máquinas asombrosas repletas de **tecnología**, pero utilizamos máquinas no menos asombrosas para fabricarlos. ¡Veamos cómo las ideas de ayer se incorporan a la tecnología de hoy para fabricar nuestros autos!

Bloques de construcción

Los ingenieros **diseñan** los autos. Determinan el aspecto exterior de cada modelo y sus características, u opciones, interiores. Su trabajo consiste en que los vehículos sean atractivos pero a la vez seguros.

Los primeros automóviles solían llamarse "carruajes sin caballos" porque se parecían a los coches de los que normalmente tiraban caballos, pero utilizaban motores eléctricos o de gas para moverse.

5

La fábrica

En la actualidad, los autos se hacen en fábricas. La Ford Motor Company fue una de las primeras empresas que creó plantas para construir su Modelo A. Un empleado trabajaba con todas las piezas necesarias para fabricar un solo auto.

Hoy en día los automóviles se construyen pieza por pieza utilizando una cadena de montaje. Los operadores permanecen fijos en cada estación, añadiendo una determinada pieza al auto según avanza por la cadena.

Bloques de construcción

Aunque generalmente se piensa que fue Henry Ford el inventor de la cadena de montaje, Ransom E. Olds ya la había utilizado para producir su Oldsmobile Curved Dash ¡en 1901!

El Modelo T de Ford fue uno de los primeros vehículos fabricados en una cadena de montaje. Entre 1908 y 1927 Ford vendió más de 15 millones de unidades del Modelo T.

una cadena de montaje hoy en día

una de las primeras cadenas de montaje

Formas de acero

Los automóviles actuales se fabrican partiendo de gigantescos rollos de un metal muy duro llamado acero. El acero se aplana y se **presiona** en unas máquinas que aplican 5,000 T (4,536 toneladas métricas), y se corta en piezas a las que se les da forma usando moldes.

Estos moldes se llaman también matrices. Cada **matriz** tiene piezas inferiores y superiores que empujan el acero forzándolo a adquirir una determinada forma. Las matrices son muy pesadas y se utilizan para moldear el acero una y otra vez.

Bloques de construcción

Las cadenas de montaje de las grandes fábricas pueden ser considerablemente largas. ¡La cadena de la Ford en Michigan mide 3 millas (4,8 km) de longitud, en la que se pueden fabricar cinco modelos diferentes de autos!

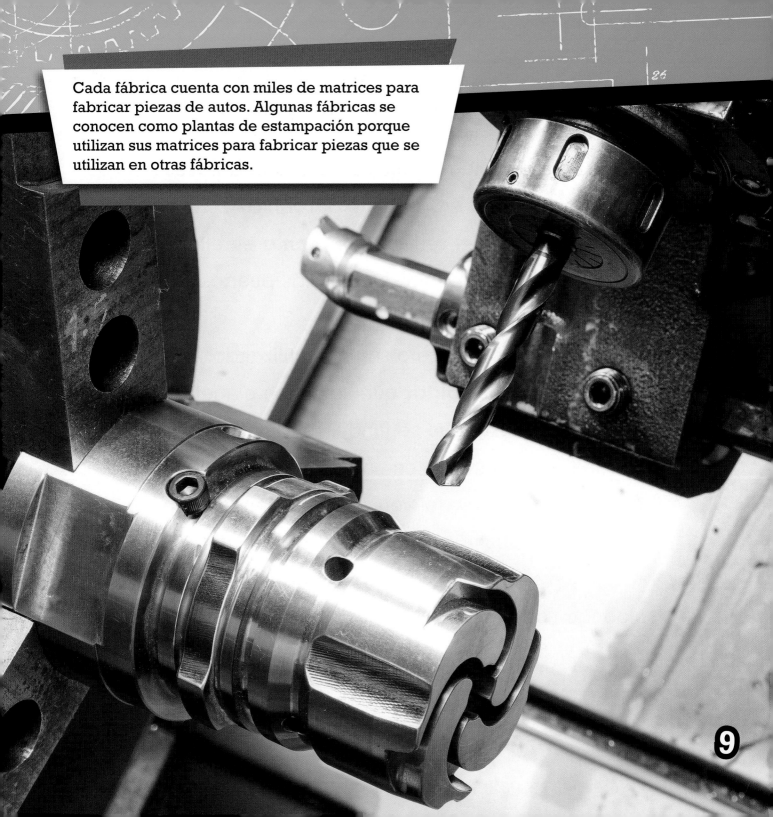

Cada fábrica cuenta con miles de matrices para fabricar piezas de autos. Algunas fábricas se conocen como plantas de estampación porque utilizan sus matrices para fabricar piezas que se utilizan en otras fábricas.

El armazón

Las piezas estampadas se trasladan a naves donde comienza el ensamblaje del vehículo. El chasis, o parte principal del vehículo, se **monta** en ellas. Se colocan en sus respectivos lugares las puertas, el suelo y los paneles del techo.

Estas piezas de acero se unen utilizando unas máquinas de **soldar** que calientan el metal rápidamente hasta que se funde. Este metal fundido se solidifica al enfriarse en una sola pieza, uniendo las diferentes partes del vehículo y haciéndolas más fuertes. Las máquinas de soldar están provistas de brazos que se mueven con rapidez en torno al vehículo soldando cada pieza en su sitio.

Bloques de construcción

Antiguamente la soldadura se hacía a mano. Hoy, las máquinas que están a cada lado de la línea de producción sueldan las partes de la carrocería a toda velocidad.

Las máquinas de soldar añaden puntos de soldadura a cada 1 o 2 pulgadas (2.55 cm) para unir diferentes piezas metálicas.

Comprobar y pintar

Una fila de máquinas de soldar continúa añadiendo partes al auto según se desplaza por la cadena de montaje. La parte de atrás del auto, el maletero, se añade junto con los parachoques. Estos se colocan en la parte delantera y trasera de los vehículos y, como su nombre indica, los protegen en eventuales colisiones.

Una vez montada la carrocería y comprobada su **calidad** llega el momento de la pintura. La carrocería recibe al menos tres capas de pintura antes de que el vehículo salga del taller de pintura.

Bloques de construcción

Muchos modelos de automóviles cuentan con una gama de colores para que los clientes elijan. En algunos de los modelos más caros, el cliente elige el color que quiere para su auto.

Los controles de calidad sirven para asegurarse de que las partes del auto se han colocado debidamente. ¡No querrás que se caiga un parachoques mientras manejas!

Piezas y más piezas

Cuando se seca la pintura de la carrocería, el auto se traslada a la zona de ensamblaje de la fábrica. Allí es donde se le añaden sus diferentes sistemas.

La principal fuente de potencia de un automóvil es el motor. La **transmisión** hace posible que la potencia de este se transforme en movimiento, mientras que la suspensión conecta la carrocería con las ruedas, que a su vez tocan el pavimento.

Todos estos sistemas se añaden durante la fase de montaje. Los operadores usan grúas para colocar la carrocería sobre el motor, la transmisión y el sistema de suspensión.

Bloques de construcción

Entre 3,000 y 4,000 partes se añaden a un auto durante su montaje. Si cuentas los tornillos, las tuercas y los pernos que hay en un auto, ¡el total de piezas llegaría a millares!

Los trabajadores de la industria del automóvil por lo general trabajan en parejas para montar la carrocería y otras partes del vehículo. Trabajando juntos se mueven rápidamente en torno a las piezas más pesadas o más difíciles de manejar.

El interior

Según el vehículo avanza en la línea de montaje, se le añaden las ruedas y el sistema de suspensión. Se montan ahora las ventanillas, de cristal especial, con lo que se concluye la parte externa del vehículo.

El siguiente paso es el interior. Se añaden las alfombras, así como el tablero y el volante. Robots especiales se encargan de añadir los asientos y otras partes al interior del auto. ¡En los modelos de lujo se añaden radios, televisores o reproductores de DVD! Una vez terminado el interior, la fabricación del vehículo está completa.

Bloques de construcción

Los trabajadores añaden también los **fluidos** que hacen posible el funcionamiento del vehículo. Ponen el aceite del motor, el líquido de frenos e incluso el líquido de los limpiaparabrisas, ¡y comprueban que no haya ninguna fuga!

Los trabajadores y las máquinas trabajan sincronizados para lograr mayor rapidez. Los robots se encargan de tareas que pueden ser peligrosas, mientras que los trabajadores realizan tareas **delicadas** que los robots no pueden llevar a cabo.

17

Control de calidad

Cuando el vehículo está completamente montado, llega el momento de certificar que está listo para transitar por carretera. Se comprueban el motor y los demás sistemas y se hace lo mismo con todas las partes del vehículo que no se ven. Hay trabajadores que realizan pruebas de conducción para asegurarse de que por dentro todo está en orden.

La carrocería se ilumina con luces muy potentes para asegurarse de que la pintura no tiene ningún fallo ni tampoco **rayaduras**. Cuando el vehículo pasa todos estos requisitos, se transporta a un **concesionario de autos** donde esperará a que alguien lo compre.

Bloques de construcción

Volkswagen tiene una fábrica en la ciudad de Dresde, Alemania; es transparente, es decir que pueden verse todos los procesos. Si la visitas verás a través de muros de cristal cómo construyen sus autos.

Las partes de autos llegan por ferrocarril a la fábrica de Volkswagen en Dresde ¡por las mismas vías férreas donde corren los trenes de pasajeros!

Haz tu propio auto

Ahora te mostraremos cómo puedes construir tu propio auto impulsado por un globo.

Materiales:

- tijeras
- 1 botella plástica de agua
- 1 clavo
- 4 tapitas de botella
- 4 pajitas plásticas
- cinta adhesiva
- 2 palitos de bambú

Pasos a seguir:

1. pega con cinta adhesiva dos pajitas a la parte inferior de la botella plástica

2. coloca un palito de bambú dentro de cada una de las pajitas dejando que sobresalgan las puntas de los palitos de bambú

3. con un clavo abre un pequeño agujero a cada una de las 4 tapitas

4. sujeta las tapitas a los palitos de bambú

5. fija el globo con cinta adhesiva a las dos pajitas que quedan

6. abre un pequeño hueco en la parte de arriba de la botella

7. inserta las pajitas por el hueco de la botella hasta que salgan por la boca de la botella

8. sopla el globo a través de las pajitas

Glosario

calidad: naturaleza o presentación de algo, mejor o peor.

concesionario de autos: lugar donde pueden comprarse autos nuevos y usados.

delicadas: que exigen gran esmero y precisión.

diseño: forma o configuración de algo.

fluido: sustancia liquida que cobra la forma del recipiente que lo contiene.

matriz: molde utilizado para dar forma a algo.

montar: ensamblar las partes.

presionar: apretar dos cosas para que se unan.

rayaduras: marcas hechas a la carrocería de un auto con algún objeto punzante.

soldadura: proceso de unir dos piezas metálicas calentándolas y permitiendo que sus bordes se fundan hasta juntarse.

tecnología: conjunto de conocimientos y medios técnicos aplicados al desarrollo de una actividad.

transmisión: engranajes que transmiten la potencia del motor hasta las ruedas que mueven el auto.

vehículos de motor: automóvil, camioneta, camión.

Para más información

Libros

Economy, Peter. *New Car Design*. Novato, CA: Treasure Bay, 2010.

Hammelef, Danielle S. *Building a Car*. North Mankato, MN: Capstone Press, 2014.

Stamps, Caroline. *Cars*. New York, NY: DK Publishing, 2013.

Sitios de Internet

Crea un auto
abcya.com/create_and_build_car.htm

Este sitio interactivo te permite crear tu propio automóvil en una fábrica en línea.

How Are Cars Made? [¿Cómo se fabrican los autos?]
www.toyota.co.jp/en/kids/car

Visita este sitio si quieres saber más sobre cómo Toyota diseña y construye sus vehículos.

Índice